JN410876

도공이야기

도공이야기

초판 1쇄 인쇄일 2015년 3월 11일
초판 1쇄 발행일 2015년 3월 16일

글 손호규
펴낸이 양옥매
디자인 이윤경
교정 조준경

펴낸곳 도서출판 책과나무
출판등록 제2012-000376
주소 서울특별시 마포구 월드컵북로 44길 37 천지빌딩 3층
대표전화 02.372.1537 팩스 02.372.1538
이메일 booknamu2007@naver.com
홈페이지 www.booknamu.com
ISBN 979-11-5776-029-9(03810)

이 도서의 국립중앙도서관 출판시도서목록(CIP)은 서지정보유통지원 시스템 홈페이지(http://seoji.nl.go.kr)와 국가자료공동목록시스템(http://www.nl.go.kr/kolisnet)에서 이용하실 수 있습니다.
(CIP제어번호 : CIP2015007646)

도공이야기

손호규 지음

책과나무

내 곁에 있는 사람이 사랑입니다

속으로 삭히고 싶지 않기에
시가 되어 나옵니다.
치유되지 못한 아픔으로는
작은 사랑조차 할 수 없기 때문입니다.
따듯한 책이 되고 싶다는 생각을
비로소 접습니다.
아팠던 부위를 한 번 더 들춰 보았더니
아직 아물지 않은 상처들이 남아 있기 때문입니다.
어쩔 수 없이 책에 실려 가는 것은
치유를 위한 용기인지는 모르겠지만
누군가의 따듯한 손안에서
위로받고 싶은 것은 분명합니다.

별은 더 먼 곳에 있었습니다.
우리가 느끼는 절망을
갈 곳 없는 방황을
흐르는 눈물을, 주저앉은 삶을
별을 보는 마음을, 별은
기억하지 못할 것입니다.
내 곁에 있는 사람이 그리움입니다.
내 곁에 있는 사람이 사랑이었습니다.

... PROLOGUE

시와 도자기는 이십여 년 동안
저와 함께 살아온 친구입니다.
시를 위해 빚어진 도자기들도 있지요.
시적으로 변해 버린 도자기에게
시도 한 편의 이야기가 되어 줍니다.
서로의 우정이 아주 오래 지속되기를
저는 그저 바랄 뿐입니다.

'아직도'라는 도(道)는
꿈을 지닌 사람들이 꼭 갖추어야 할 덕목인가 봅니다.
모호한 시간에 걸려 있어 피해 갈 수 없는 숙명처럼
아직 멀었어, 아직 그래, 아직 좋지, 아직 살아 있네, 아직도!
그 '아직도'의 관문을 통과하기 위해서
세상의 틈에 저를 끼워 놓습니다.
책으로 만들어 주신 출판사 책과나무 관계자분들께
진심으로 감사드립니다.

PART 1

별을 보다

... CONTENTS

PART 2

사랑 하나 있어

PART 3

흙을 빚으며

PART

4

나를 닮은 그리움

별빛 눈물 | 눈을 감으면 | 작은 우주 | 너무너무 큰 우주 | 사랑별 | 당긴다는 것 | 적당한 거리 |

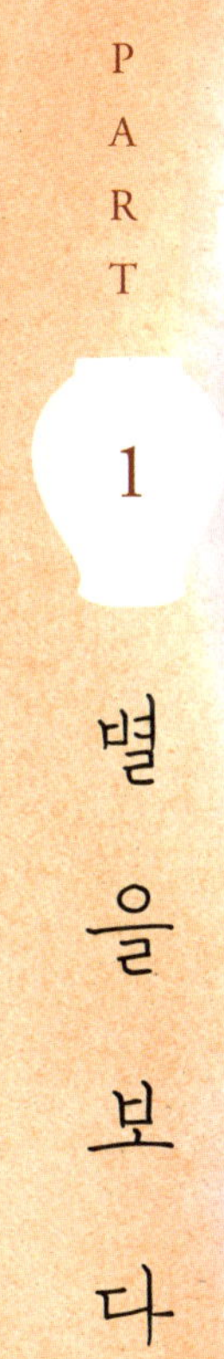

PART 1 별을 보다

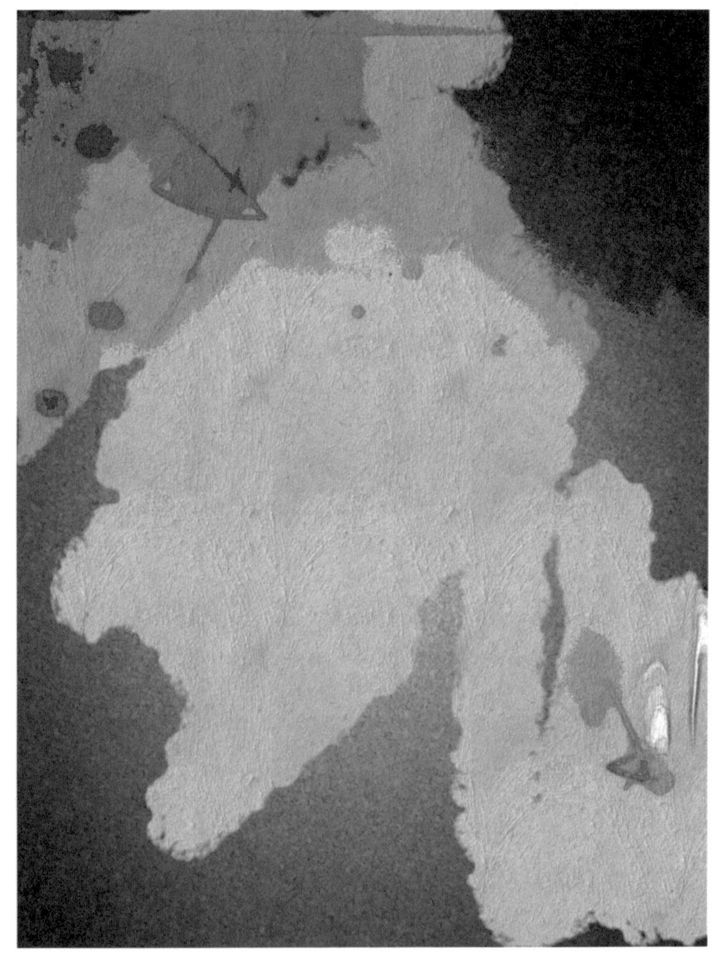

별빛 눈물

희망 하나 움켜잡고
지는 노을 뒤로 아름다운 모습
윤동주 시인의 별과
고흐의 별을 함께 기억하는
애달픈 몸짓
암흑의 공간에서
어둠을 닦으며 나를 보던 눈동자
그 반짝거림이 이슬을 타고
수십만 광년에서 떨어진다
결코, 죽음보다 멀리 있지 않은
아련한 빛, 농축된 슬픔이다

눈을 감으면

눈을 감으면
생각 속에 비로소 보이는
가장 아름다운 별,
마음
밤하늘을 닮은 작고 아담한 나만의 우주

눈을 감으면
눈 밖의 세상에는 이제 내가 없는데
두 뺨에 흐른 눈물처럼
짧고 뜨거웠던 인생
입가에
환한
꽃 한 송이
나무 한 그루 심었는가

작은 우주

베개 위에 놓인 행성 하나에
눈, 코, 귀, 입, 위성 네 개,
저 멀리 아련하게 별빛 물든 손바닥 발바닥,
하늘 한가운데서 유난히 반짝거리는 가슴,
내면에 꿈틀거리는 심장,
은하수처럼 흐르는 붉은 기운
아침이 오면 중력 밖으로 나는 간다

너무너무 큰 우주

인간을 현미경 속의 원자라고 하고
같은 비율로 우주의 크기를 줄이면
우주는 너무너무 크기 때문에
의미 없이 그대로,
지구는 보이지 않는 별,
인간과 개미는 동격,
거친 바람이 불고 큰 비라도 오면 어쩌지
부지런한 개미들이 매일같이 새로운 길을 만들고
낙엽조각들을 나르고 과학을 쏘아 올린다
개미들의 열정만큼 커지는 우주

사랑별

알약 하나만 한 크기의 별,
사랑별
아름답게 빛나지는 않지만 몸살을 앓을 때처럼
손바닥 위에 놓고 다가가는 입맞춤
내 몸 깊은 곳까지 들어오더라도
따듯한 포용력을 갖고 인내해야지만 느낄 수 있는 형상
마음에 고운 이름을 새기는 별, 사랑별
그리움을 축으로 공전하는 별
멀어졌다가도 손을 내밀면
이내 가깝게 다가오는 불규칙한 궤도
오늘도
사랑별 한 알에 물 한 모금

당긴다는 것

떨어지는 사과에서 시작된 만류인력,
당기고 또 당기면 떨어지는 것이
사과뿐이겠는가, 당기고 또 당기면
상상할 수 없었던 일에도 잔상이 생기고
관찰과 몰입의 경지에서 엄청나게 더 당기면
빛이 휘고, 공간이 변하고
시간도 다르게 흐른다는데,
물리학과 천문학의 감동
천체망원경에 빛이 당겨지고
결국 인간에게 빨려든 블랙홀의 존재,
당긴다는 것, 견딜 수 없는 위력이다

적당한 거리

봄날 따듯한 해변에 누워서
하늘 한가운데 동그란 얼굴에게
인사를 나눈다
너무 가까이 있어도 안 되고
너무 멀리 있어도 안 될 우리 사이,
눈을 찡그린 채 똑바로 쳐다보지 못하고
인사를 하는 것이 마음에 걸리지만
매일 보는 관계이니까
오히려 자연스러운 것이 더 좋을 수 있지
물론 나와 내 가족 내 나라를 책임지는
높은 자리에 있으니까
감사한 마음으로 불편하지 않게
적당한 거리를 유지하면서, 안녕

마젤란운*

꿈을
잃어버린 거리에서 서성거렸다
낙엽처럼 낯선 풍경에서 뒹굴다
헤진 자락들을 여미다
불혹의 나이도 이제 다하고 말았다
젊었던 꿈은 어디로 갔느냐
밤하늘에서 하얗게 흘러갔을
거대한 삭막함
아름다운 은하 마젤란운
한평생을 살아도
너의 자리에는 내가 없고
나의 자리에서는 너를 볼 수가 없네

* 소마젤란은하는 십칠만 광년, 대마젤란은하는 십팔만 광년 떨어져 있고 우리나라 북반구에서는 볼 수 없는 은하. 최초로 세계 일주에 성공한 마젤란이 태평양을 건너가다 발견해서 그의 이름을 붙였다고 하는데, 크기가 워낙 커서 구름처럼 보인다고 한다.

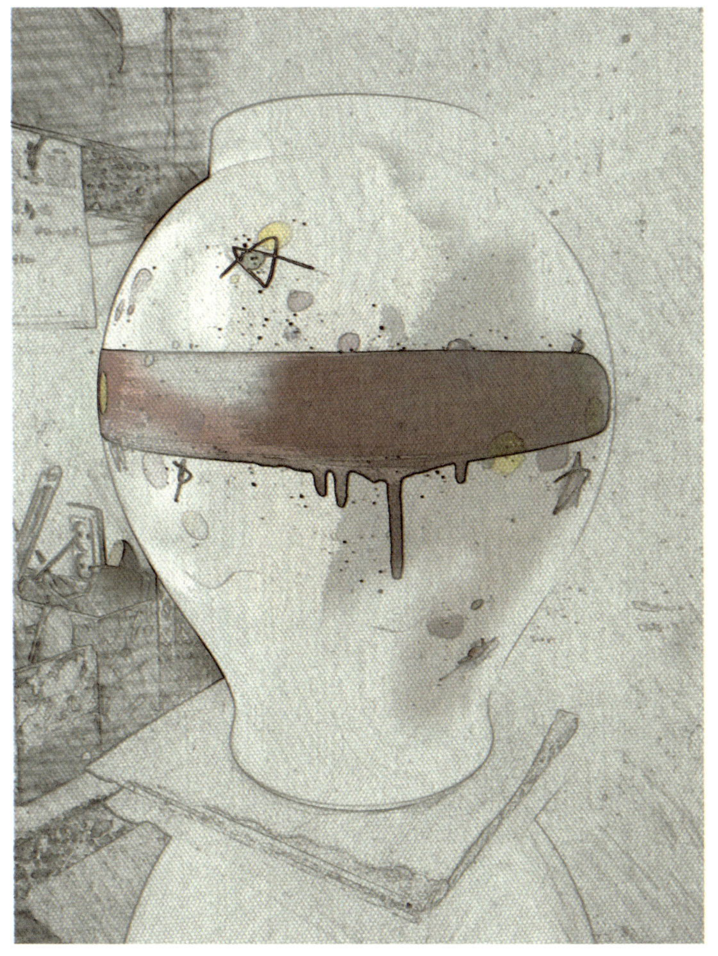

허블 딥 필드*

허블우주망원경에 관측된
시(詩)가 될 수 없는 세계,
이토록 큰
우주의 한계를 담을 만한 명사가
지구에 있을까,
'엄청나게 크다'에 몇을 몇 년을 곱해야
우주의 형용사가 될까,
별빛을 따라 진짜 별을 확인하려면
광속보다 더 빠른 동사도 필요한데
감탄사로만 어떻게 시를 쓰지?
한평생 깊은 생각이라고 해 봤자
우주의 시간으로는
찰나와 순간에 불과할 뿐인데

* 1995년 허블우주망원경을 사용해서 관측했던 북두칠성 근처 별과 별 사이의 어두운 하늘. 대략 2,000개의 은하들이 망원경에 담겼고, 그 후 2003년 화로자리에서 '허블 울트라 딥 필드'로 명명된 관측이 있었는데 별과 별 사이의 작고 어두운 공간에서 대략 10,000개의 은하들이 관측되었다.

별을 담은 그릇

어둠이 빚어낸 그릇에
별을 담는다
저녁 하늘을 붉게 태우면서 구워 냈지만
아침이 오면 금방 사라지고 말
가엾은 어느 도공의 숨결
사랑의 별을 담고
우정의 별을 담고
신념의 별을 담으면
어머님께서 차려 주신 밥처럼
소복하게 쌓여
또 어디론가 흘러가겠지

별을 담은 그릇 22×8cm

별을 보다

어둡고 희미한 공간
밤하늘에 한 점
너무 오래
너무 멀리
떠돌아다녔지만 남루할 것 없는 모습
두 뼘 위에 하늘을 받들고
고개를 들게 하는
도도한 만남,
우리는 오늘도
영원한 고독을 생각하는가

어떤 몽상

별에 앉아서 음악을 들으며
손을 흔들 수만 있다면
달에 남겨진 발자국 옆에다가 꽃을 가꾸어
나비들과 함께 오색 만찬을 즐길 수만 있다면
금성과 화성의 얼룩진 표면에 정말로 물을 대서
파릇한 지느러미들이 헤엄을 치게 할 수만 있다면
육상트랙이 그려진 토성이나 천왕성에서
외계의 누군가들하고 올림픽 게임을 할 수만 있다면
돈을 제일 많이 벌은 지구가
생명체를 제일 많이 보유한 지구가
조금은 부담스럽겠지만
태양을 부모님으로 하고
목성을 제일 큰 형님으로 하여
우리 은하 밖까지 함께
소풍을 다녀올 수만 있다면

소풍 43×43cm

별똥

지구의 품에 안긴 순간
아주
잠깐
온몸을 다해
태운 인생

별을 담은 그릇 15×45cm

별을 보다 48×7cm

• •

밤 길잡이
북극성

멀리 있거나
가까이 있거나
크거나
작거나
모두가 다 다르게 살고 있지만
따르고 싶은 마음은 한결같다.
이탈하면 안 될
분명한 것
하나를
축으로
살아가는 마음들이
다 그렇게 닿아
이 어둠의 밤길을
갈 수 있다면.

더 아름다운 별

아픈 마음, 별을 보고 있나요
어쩌면 저 많은 별들도
당신을 보고 있는 것인지도 모릅니다
그래도, 당신이 더 행복하다고
그래도, 당신이 있는 그곳이 더 좋다고
더 반짝이는 것은
별이 아니라
별을 보는 당신의 눈동자
그래서 그곳이 더 아름답습니다

별을 보다 37×27cm

인간은
우승자에게 씌워질 월계관
우주의 꽃
우주를 느끼는 생명체가 없으니까
아직까지는 없는 것이니까.

별들은
스탠드에서 펼쳐지는 오색 카드섹션
반짝이는 힘찬 응원
패배하지 말라는 하늘의 외침
필승의 열망.

지구는
필드위에 선수, 수많은 별들의 대표
8강, 4강, 결승까지,
끝까지 살아남아
금메달을 목에 걸기를.

그릇속의 풍경 60×20cm

사랑 하나 있어 | 봄비 | 황혼에 | 간소하게 | 버림의 미학 | 하나는 | 평범한 기적 | 연꽃어항 |

PART

2

사랑하나있어

광안리에서 | 걱정할게 뭐있어 | 중년의 자화상 | 그림을 그린다 | 잠자리 | 작은 나무

사랑 하나 있어

다음 생에서도 사랑하련다
죽어서도 놓기 싫은
사랑 하나 있기 때문에
살아 있는 동안 열심히
사랑의 말에 귀를 기울이고
사랑의 작은 동작들을 기꺼이 살피련다
그리하여 덧없는 죽음 뒤로
다음 생이 찾아와도
슬펐지만 따듯했던 기억들
이처럼 사랑하기에 애달지 않으리

봄비

추억과 우정 그리워
작은 화단에 내리지만
꽃잎을 타고
흐르는 것은
너와
내가
위로하지 못하고
살아야 했던
바쁜 세월이었나

황혼에

카페에서 공원에서
빈 의자와 함께 있을 때
이제 남은 그리움은
없는 것으로 하자
바람에 나부끼는 작은 설렘조차
분명하게 없는 것으로 하자
구차한 변명은 하지 말고
작고 허름했던 꿈 하나 있어
그냥 살았노라고 하자

간소하게

복잡한 것들의 혁명이
바로 간소함이다
노래를 부르자
키를 맞추고
줄 6개의 음과
한 줄 한 줄의 음을 또 세분해서 나눈 마디마디
도레미파솔라시도에서 보통 한 옥타브 더
기타에서 울리는 음색에서
내 목소리까지, 그렇게 곱해져 있는
이 복잡한 세계에서
몇 가지 박자들에 의해 자유를 느끼고
단순한 패턴의 음으로 평화가 흘러나오게 하는 것은
정말 위대한 혁명이다

버림의 미학

손을 꼭 잡고
집을 나오기 전만 해도
우리는
최선을 다해 선택한 인생이었다
너와 나 처음 만났을 때의 기억이 분명한데
군데군데 속살까지 보이면서 많은 시간들을 함께 보냈는데
좋아하는 것만으로는 버티기 힘든 삶은
세상 한 모퉁이에 수거함이 있는 풍경을 만들어 놓았다
쉽게 변해 가는 세상에서
더 빨리 변하지 못한 죄,
그래, 너의 죄질? 아니, 너의 재질은 이것이었어
새롭게 다시 태어난다면 또 만날 수 있을 거야
삶의 모습이
그리 향기롭지 못한
이 애매한 곳에
너를 내려놓는다

하나는

하나뿐이라면
단 하나뿐이라면
둘은 존재하지 않기 때문에
그 하나가
시작이고 끝이다

하나에서
하나는
'모두' 또는 '다'이기 때문에
하나 이상의 가치다

하나는
'많다', '적다'가 아닌
'있다', '없다'로만 나누어지기 때문에
절대 고독이며
둘의 기회를 가질 수 없는
가장 큰 절망이며
가장 큰 환희다

둘이 될 수 없는
하나는

그 속에서
강하고 부드럽고 밝고 어두운 것을
고루 겸비해야 하기 때문에
다른 무엇보다
완벽에 더 가깝다

하나가
둘 이상의 조화를 그리워하는 것은
그것이 새로운 하나의 또 다른 시작이기 때문이다
그래서 하나는 자신이 가질 수 없는
'서로'와 '들'을 사랑한다

둘과 셋은 하나의 절박함을 모르고
셋에서 열까지는 아무리 하나를 버려도
하나가 될 수 없다
하나는
최상의 단계에 이미 올라가 있는
완성된 개념이다
둘에서 열까지 합한 것보다
더 큰 의미다

평범한 기적

가능하면 억지 부리지 말고
남에게 상처 주지 말고
열심히 번 대로, 우선순위대로
먹는 것, 입는 것, 자는 것, 타는 것,
학원 한 개씩, 보험 한 개씩,
아프기 전에 건강을 챙기는 건
아주 특별한 것 같아서 제외
부모님 용돈, 우리 부부 노후까지,
평범하기 위해 세운 비범한 계획들
아무리 계산기를 두들겨도
'평범하게만'이라는 답이 나오질 않는다
평범한 가정에서도 태어나
아이들과 함께 자랐으면 하는 기적
밥을 먹을 때도, TV를 볼 때도

연꽃어항

작은 어항 살얼음 속
갇혀 버린 꿈
흐름이 없는 세상, 소리가 없는 세상
행상들이 돌아간 자리에
쓸쓸하게 남은 어둠처럼
몇 장의 가을 고독마저 베고 누운 새까만 뻘
이제
춥고 차가웠던 동면의 시간이 지나면
달팽이들이 공기를 내뿜고
실잠자리 유충들이 날개를 만들고
개구리 풀들이 무리를 짓고
예쁜 연꽃들이 활짝 피겠지

광안리에서

우리가 세상을 향해
떠나온 것처럼
하늘이 또렷하게 맞닿은 곳에서부터
잔잔하게 밀려나오는 파도는
어둠이 차갑게 내려앉는 광안리 모래밭에서도
아주 경쾌하게
하얀 포말의 꽃들을 피우고 있었다
살아가야 할 이유가 분명한 것만큼
기억하고 싶은 모든 것들이
다 아름다웠으면 좋겠다
사랑하는 사람아
밀물에 바다가 차올라도
내게 영원히 채워지지 않을 그리움
나의 사랑하는 사람아

걱정할 게 뭐 있어

컴퓨터 게임을 하다가도
괜히 창밖을 보다가도
엉뚱하게 밤을 지새울 수도 있지
공부를 못한다고?
머리가 나쁘다고?
다른 것에 더 많은 관심이 생겼을 뿐이야
성격이 소심하다고?
아직은 대범할 필요가 없기 때문일 거야
학교운동장을 지나갈 때
시내에 갔을 때
너의 가슴을 뛰게 하고
무척이나 그리워할 것이 생기면
그것들과 실컷 놀아도 좋지
세상에 태어난 것만으로도
너는 이미 위대하니 말이야

중년의 자화상

빛을 넉넉하게 드리워도
진지하고 비장한 색으로
젊은 패기와 역동적인 색은 이제 줄여야 하겠지만
그래도 건강하니까 고마운 색으로
삶의 무게를 대충 알겠지만
비굴하지 않을 만큼 의연한 색으로
하얀 여백은
아직 남아 있는
내일
현실의 벽이 높다고
자꾸만 돌아보면 어떡해

그림을 그린다

그림을 그린다 젊었을 때는
검정색과 빨강색을 주로 사용했었다
마흔이 지나면서 주황색과 보라색을 지나
겨우 파란색을 만지기 시작했다
강해지기 위해서 무거웠을
그 두꺼운 색들을 벗고 싶었던 날에도
하얀 종이 위에 번지는
따듯하고 보드라운 색은
만나지 못했다
마흔 중반이 지나서야 비로소
연두색과 노란색에게 인사를 나눈다

잠자리 큰 그릇 27×20cm

잠자리

도망가듯
쫓기듯
파닥거리는 날갯짓으로
무슨 그림 그리나

동그라미
세모
네모
파란 하늘을
함께 날고 싶은 마음

작은 나무

앙상했던 갈색 줄기는
초록색들이 달리면서 나무가 되었다
꽃을 피우고 열매를 맺고
나비와 벌들에게
먼 곳에서 온 새들에게
자신의 것을 주면서
나무는 푸른 꿈을 갖게 되었다
바람의 노래를 만들고
흙의 향기를 만들고
계절마다 아름다운 풍경을 만들고
울타리보다 마을의 언덕보다 훨씬 커지면서
나무는 어른이 되었다
나무는 자기가 서 있는 자리에서
세상에 꼭 필요한 존재가 되려 했고
다른 나무들과 함께
숲이 되어 하늘에 닿으려 했다
비와 천둥을 가슴에 품고
작았던 나무는 하늘을 닮아 갔고
하늘처럼 푸르게 늙어 갔다

새-파란 하늘을 꿈꾸다 52×52×15cm

• •

기물이 빚어지는 과정에서
물레의 중심축을 움직여 보면
어떤 형태의 모습으로 만들어질까?
궁금하였습니다.

처음에는 낯설고 어색함이 흉이 될 만큼 컸었지만
어떤 부분에서는 춤을 추는 것 같은 율동감이
더 자연스럽고 편안하게 느껴졌지요.

질리지 않는 친근함
목적은 분명했지만
언제나 방법이 쉽지 않죠.

한 번, 두 번,
물레의 중심축을 옮기다 보면
형편없는 모양들과 함께
일정한 형식과 패턴을 갖춘 음악처럼
아름다운 선율이
물레 위에서 빚어지기도 합니다.

선율 11×11×40, 14×14×53cm

• •

크고, 작은 것들이
하나는 대칭이고 또 하나는 비대칭이고
처음부터 의도한 것은 아니지만
이렇게 둘을 함께 놓고 보니
정말 잘 어울립니다.
잘난 둘의 만남이 아니라
잘난 것도 없는 둘의 어울림
서로가 조화롭다면
어디선가 보안작용이 되고 있다는 뜻이겠죠.
사진작가님의 감각적이고
창의적인 구도가
도자기를 한층 더 돋보이게 만듭니다.

선율 14×16, 20×45cm

선율 10×20cm

그릇들 16×5, 21×8cm

• •

약간씩 아주
조금씩
흔히 말해 감각적으로
내밀기도 해 보고 들이밀기도 해 보고
휘게도 해 보고
비뚤어지게도 해 보고

더 나가
살짝
찌르기도 해 보고
찢기도 해 보고
접기도 해 보고
일부에 구멍도 내 보고 뭔가를 붙이기도 해 보고
표면을 거칠게도 해 보고
부드럽게도 해 보고

컵 8×9, 6.5×8cm

• •

생각하고 느끼는 대로
그리지요
사실, 그럴 수밖에 없잖아요. 그러다 보면
그 속에서 기대치 이상의 큰 행운은 따르지 않더라도
열에 한 번쯤은 아주 작은 알맹이 같은 것이
속삭이는 바람처럼 파르르 떨면서
아름다운 꽃으로 피어나고 싶은
영혼의 몽우리를
흔들어 깨울 때가 있습니다.

나비 46×47cm

흙을 빚으며 | 바람의 흔적이거나 | 나비처럼 | 어려운 밤 | 어머니 | 가마에 불을 지피면 |

PART 3

흙을 빚으며

낡은 작업복 | 가을 서정 | 분청사기론 | 조선백자 달항아리 | 외면 | 오늘 하루 | 희망

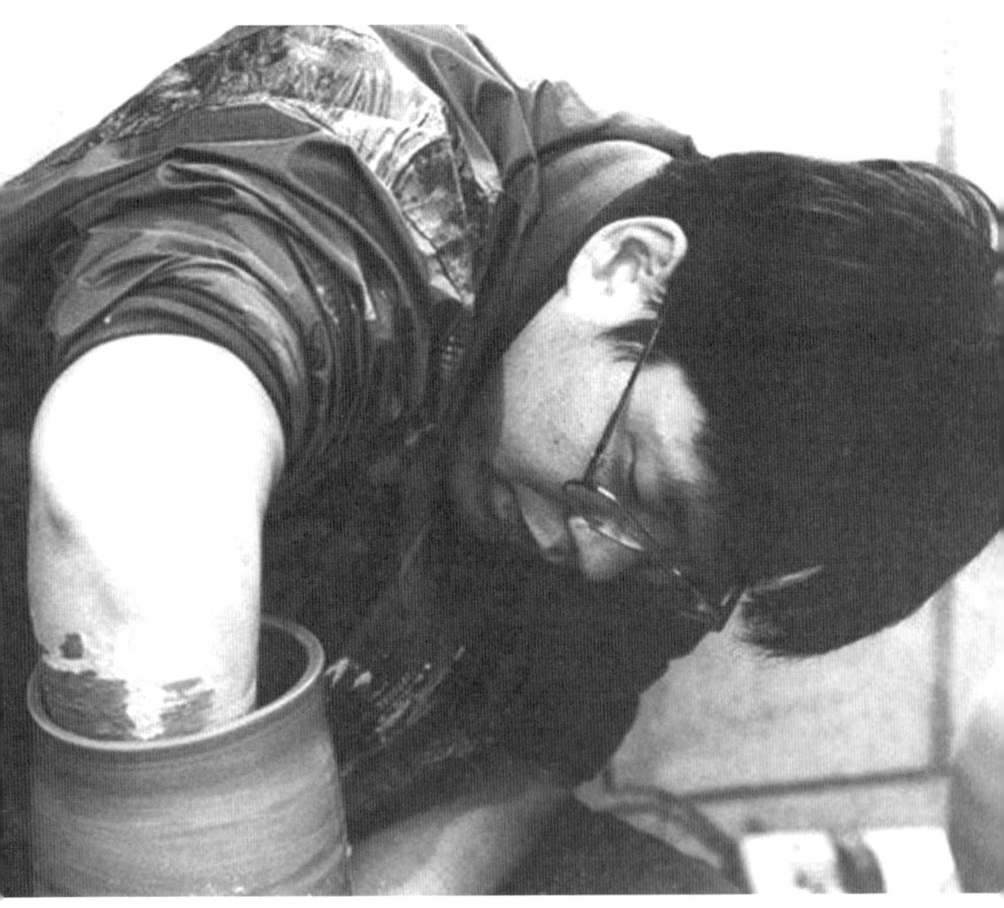

흙을 빚으며

손바닥 가득 물을 적시고 흙을 돌린다
고마운 우정이나 사상 같은 동심원
물레 회전의 꼭 맞는 중심에서
됐다 싶을 정도의 균형을 유지한 뒤 구멍을 뚫고
개질박*과 원심력으로 내 나이만큼 흙을 벌린다
벌어진 흙은 텃밭에 이랑. 다시
손을 넣어 내면의 티끌을 닦는 것은
도자기로 제 속성을 잃어 가는 흙과
흙물이 튄 자국마다 겹겹이 말라붙은 설움을 엿보며
가마 속 불꼬리에 견딜 모양과 두께를 가늠하듯
고단한 세월을 빚음이야, 씨앗을 뿌려
실핏줄 엉켜진 뿌리를 박고
나 자란 땅에 돋은 풀처럼 거친
흙주름을 따라 도는 햇살을 다지며
곧은 줄기로 목을 빼들어 전**을 접어도 좋으리라

* 도자기를 빚을 때 흙을 늘리거나 벌리면서 울퉁불퉁한 손자국을 편편하게 만들어 주는 도구.

** 도자기의 맨 위쪽 나부죽하게 된 부분. 빚을 때 마지막 공정으로 불 속에서 도자기 형태가 틀어지지 않게 보통 전을 접거나 전의 두께를 두툼하게 함.

바람의 흔적이거나

삶도 미완성 작품처럼
드러내지 않는 고요
한평생 젖은 흙을 사랑하다
금 가지 않게
수선거리며 돌아가는 바람의 흔적이거나
뜨거운 사막의 낙타처럼
내 한목숨 등에 지고 걸어가는
작은
미소이거나

나비처럼

한 점 티끌 같은 목숨이지만
성실한 마음 고운 빛으로
낮에는 해를 닮고 밤에는 별을 닮고
살다 죽으면 이슬이 되어 바람에 날려도
좀 더 먼 곳을 향해
까불거리는 나비처럼
내 기능은 어디에도 묶이지 마라
허공에 울부짖는 외침이나 메아리
날카로운 발톱이나 부리를
갖추지 못했어도, 나는
자유의 시를 쓰고 흙을 빚으며 살리라

어려운 밤

좌절하지 말자는 괴로운 심사
술을 마시고 취하면
굳은 마음이 녹아내릴까
하나님을 배신하고 싶어
시를 배신하고 싶어
은하수 이슬 뿌리는 새벽녘 이때까지
밤새 끌고 온 희망을
조용한 어둠 속에
다시 묻어 두고 싶어

어머니

낯선 타지에다 자식을 남겨 놓고
돌아가시는 어머님께서는
애써 눈물을 감추려 하지 않았다
공방에 흙이 얼고 손등이 터져도
흙을 빚고 굽는 배움이란
어린 시절 가난만큼이나 긴 여정
그렇게 도공이 된 지 십수 년이 지나 내가 두 아이를 낳고
사과 팔고 복숭아 팔아 아들놈 딸년 위해 살아오신
어머님의 좌판 위에 내려앉는 어스름처럼
도자기에 녹아 반짝이는 이름을
좋은 항아리나 그릇 같은 곳에 새길는지

별처럼 많은 시간이 흐른 뒤
내 삶에도 흐린 기억이 있어 짧은 언어로
시를 쓰고 설운 세월을 얘기할 때
도자기에 바칠 수 있었던 꿈과 열정은
어머님의 눈물이었다고
한때는 흙도 찬연한 빛으로 태웠던 열정
어둠에 지치면 덧없이 살라고 또 그렇게 살라고
내 청춘은 젊은 시절 어머님의 눈물과 함께
천이백 고온의 화염 속을 뒹굴다

하얀 포말 같은 재만 남긴 채
녹슨 굴뚝 위에서 연기되어 사라진다

가마에 불을 지피면

가마에 불을 지피면
밀폐된 그곳은
또 하나
작은 세상,
고운 유약 살붙이 되어
좁은 화염 속을
입술만 한 미소로
뜨거운 가슴을 쓸어내리며 살아왔다

해학과 회화
추상의 무늬와 형태
음각 또는 양각
한 획의 힘,
고독한 칼날과 붓대의 춤으로
수천 년을 이어 온 도공들의 불문율이
그 속에 묻혔으니
내 삶 또한 분별하지 않으리라

태우고 싶은 것은
가난과 무지
마음 그대로의 시름과 걱정

슬픔처럼
가마 속에 있는 그것이
감당하기 어려운 세상일지라도
이제는
나를 가꾸며 살고 싶다

바람이 불면
흙 향기 날리는
내 몸이
차가운 땅에서 맨발로 딛고
불꽃처럼 타다 식으리라
오랜 세월 빛나는
별처럼
어두운 가마 속에 등살을 어루만지며
빛이 부서지리라

내가 만든 것은
세상의 문이 아니라
들꽃 같은
작은 숨결이었다고
도자기에서 달관된 빛이 느껴질 때

나는 조각난 파편처럼
깨진 상처 위에 있어도 좋으리라

낡은 작업복

너 하나만을 의지하며
맨몸뚱이 하나로 들어가 살았다
멋스럽게 외출 한 번 못할 것이
어렸던 나를 왜 그렇게 잡아 두었더냐
세상을 따라잡겠다고
아무리 뛰어 봤자 그냥 그 자리
더 멀리, 더 먼 곳으로
벗어날 수 없는 너의 속성
너의 진실이 이제야
닳고 해진 사이로 눈물처럼 돋아 나온다
아직도
부지런한 너의 꿈이 내 삶이더냐

가을 서정

창공은 담배를 끊은 혈관처럼 맑다
마당을 쓸고 마른 화단에 물을 주지만
계절을 닮은 낙엽처럼 바람에 날리는 것은
제 빛을 다해 커지고 싶은 몸짓
옛 아름다운 벗들과 술을 배우며
바른 모양으로 살려고 방황했던 날들
추억처럼, 도시의 건물들이 고개를 내밀면
우리는 서로의 상처마저 돌보지 못하고
또다시 하루의 흔적을 남기며 살 것이다
이마에 흘린 땀과 젖은 속살마다
잎이 되었던 단풍,
외딴 객지의 풀벌레 소리가 저녁 어둠을 뒤척일 쯤
나는, 제법 숙달된 일을 마치고
머리까지 흙먼지를 씌운 채, 단풍처럼
황혼에 물든 저 도시를 걸어 나올 게다

분청사기론

바랄 것도
질릴 것도
없는
세계
이냥 이렇듯 저냥 저렇듯
도공의 손길이 작품에 배어 있음은
한국의 전통도자기를 당당하게 미래에 제시할 수 있는
유익한 안목의 모던
자연스러움을 좋아한 옛 도공의 혼이
우울한 날의 숨은 햇살처럼 삐져나와
나의 공방에 닿다

분청사기 큰 항아리 35×68cm

달항아리 27×29cm

조선백자 달항아리

단순한 선과 빛의 흔적만으로도
삶의 깊이와 예술적 감동을 불러일으킨다
세련되지 못한 아름다움
고행의 시간을 보낸 것일까
장인의 손길이 세월의 모진 풍랑을 다 겪고도
아무런 욕심 없이 빚어낸
무아의 경지
맑고 투명한 은하수처럼
어둠이 몰려 나가는 신비로움을
나는 정녕 의심치 않으리라

외면

어두운 절망에 묻힌
체념의 향기처럼
허기진 몸 타는 갈증으로
영혼을 적시지만
혼미해지는 삶을 견딜 수 없으니
마른 입술을 깨물고
죽음처럼 무디어지자

한 세상 살아가는 법이
오직 진실뿐이라고
순수하게 엉키어 보자던
꿈과 희망은 진작
깨졌어야 할 약속이었다
세상!
너를 잊고 살면
설움에 뉘우칠 눈물도 없고
아쉬운 욕망도 없다

사발 16×6cm

오늘 하루

공방 어디에도
골몰한 시선을 두지 말고
밖으로 가자
이유야 어쨌든 낯선 풍경이 좋을 때가 있지
작은 시골마을 집 울타리에 핀 꽃들과
공간을 가로지르는
나비들과 잠자리들의
햇살의 정원
파란 하늘 뭉게구름이 털북숭이 강아지로 바뀌고
풀냄새 그윽한 나무 밑에 앉아
새소리를 듣는다면, 우리는
중력을 잃고 우주를 유영하는
별이 될지도 모르지

항해 52×8cm

희망

오늘 하루에 곤한 허리가
쉽게 잠을 청하지 못함도
큰 뜻이거니
땀이 되어 흘렸던 눈물은 나의 희망
공방의 낡은 기계 소리처럼
거친 숨소리가
돌아와 누운 밤
울거니 웃거니 하지 않아도
가을 잎의 모가지가
부러질 때면
나는 이미 꽃을 피우고
눈부신 열매를 맺은 후일일 텐데

• •

지울 수 없는 고마움을
잘 표현하지 못하고 살았는데
죄송스럽고 감사드립니다.

도예공방 도공이야기는
참 많은 분들의 관심에 의해 빚어졌고,
그 사랑에 의해 구워졌습니다.

구매하여 주신 분들께도
판매전의 기회를 주신 분들께도
제작과 마케팅을 배울 때
자신의 것을 아낌없이 주셨던 분들께도
비엔날레 공모전에서
제 작품을 선정하여 주셨던 분들께도
허름한 공방을
불편한 기색 없이 찾아 주신 분들께도
진심으로 감사드립니다.

고마운 분들이야말로
제 삶의 따듯한 時이고 詩語입니다.
잊지 않고 기억하겠습니다.

15c테크놀로지-항아리 50×52cm

선의 논리 17×53, 22×41, 18×53cm

• •

물레로 빚고 면을 쳐서
각을 내어
선을 만듭니다.
우리나라 산의 능선을 닮은 선
학교에서 배운 것처럼
한옥의 처마 끝에서도 흐르고
한복의 깃과 섶에서도 흐릅니다.
이 선은
어머님의 버선코에도 있었고
내 아이의 배냇저고리에도 있었죠.
전통 도자기의 많은 형태들이
이 선을 닮았습니다.
우아하고 아름다운
단순하고
절제된
선의 느낌.

• •

밤샘 작업, 때때로 그것은
유리창을 사이에 두고 어둠과 속삭이는 일이지
내가 먼저 지칠 때면
진눈깨비처럼
어둠 속에 젖어서 날리고 있지.

도자기를 업으로 하게 되면서
그럴 만한 약력이 필요하다고 느꼈을 때가 있었지요.
지금은 그렇게 생각하지는 않지만
흔한 말로 스펙이 없었으니까
한때는 공모전에라도 당선됐으면 하는 바람으로
작품을 만들었을 때가 있었습니다.
제1회, 2회 비엔날레국제공모전 수상은
저에게도 큰 보람과 자부심을 갖게 해 주었고
지금도 적지 않은 용기를 갖게 해 줍니다.
〈선의 논리〉, 〈인화문의 정원〉, 〈15c테크놀로지-항아리〉는
그런 류의 작품들입니다.

인화문*의 정원 2 32×38cm

* 표면에 장식된 무늬, 무늬가 새겨진 도장을 기물에 눌러 찍어서 표현한 기법

목단무늬 이중투각 항아리 28×24cm

• •

20대 중반에서 30대 중반까지 약 10년 동안은
거의 분청사기에 몰두했었습니다.
3부에 올려놓은 시들도 다 이 무렵에 쓴 것이고요.
그때에는 분청사기에 매료되어
옛날 작품들을 습작하거나 약간의 변화를 꾀하면서
나름대로 개성을 찾으려고 했었던 시기였습니다.
그 시간이 참 빠르게 흘러갔습니다.
지금은 〈인화문의 정원〉과 〈목단무늬 이중투각 항아리〉처럼
몇 장 남겨진 사진들만 실물처럼 만져 봅니다.

인화문의 정원 18×24, 23×39cm

나를 닮은 그리움 | 바람 | 고드름 | 대나무 | 詩 하나 | 재활일지 |

PART

4

나를 닮은 그리움

깊고 어두운 밤 | 새로운 황홀 | 컵 | 그림 뒤에 벽이 허-한 것은

CALIFORNIA
OUTFITT
GOOD WILL W
21ST D

나를 닮은 그리움

따듯한
차의 향기
맑게
우러나면

내 안에
나는
없고
잃어버린
그럴 수밖에 없었던 지난 세월의 위안과
젖은 풀잎의 향기처럼
잔에 담긴
나를 닮은 그리움

바람

가난한 지붕 위에서
하늘을 흔들어도
곧장, 폭 꺼지는 불꽃이 아니었으므로
너는
항상
스산하다

고드름

저 미친 머리카락 같은
휘청거리는 나무에
고드름을 모두 따서 던지면
한 가락 곧은 줄기처럼 자란
맑고 투명한 형상이
깨짐

대나무

비워도 비운 것이 아니라지만
마음이 곧은 너는
비울 게 없어도
꼭 그래야만 하는 것처럼

時 하나

가을 새벽
작은 창에 쓴 시 하나
바람이 불면 낙엽처럼 뒹구는
연민이나 번민쯤으로

음악을 틀고
커피를 마시면
창에 흐르는
칸초네의
리듬
고향의 아버님께서 술을 끊으셨고
엄마의 건강도 좋다

• •

재활원 공방, 작은 마당
전등 빛 사이로 어둠이 내려앉고
익숙해진 불구의 작은 동작들이 말을 나눈다.
세상에는 없는 언어
우리 별에는 없는 계절
비틀거리고 웅웅거리던 아름다운 시
그렇게 밤은 깊어 갔다.
1992년 3월 7일

재활일지는 1991년부터 1995년까지 4년 동안
재활원에서 근무하면서 쓴 것입니다.
원생들에게 도자기를 가르치면서
틈틈이 써 놓은 것들을 추린 것이고요,
〈재활일지 7〉은 재활원을 그만두고 한참 이후에
아이들 소식을 듣고 쓴 것입니다.

재활일지

… 1 …

눈이 온 날에 기우뚱한 발자국을 따라 그네를 타는 아이의 모습을 본다. 하늘이 가깝도록 얼었던 가슴을 녹여내는 반신마비 아이의 동작이 수리의 날갯짓보다 용감하다. 쏟아지는 햇살 그 부드러운 품속을 향해 휘파람을 날린다. 하룻밤 지나면 돌아오시겠다던 엄마의 말씀은 희미한 기억 끝에서 눈에 덮인 잎사귀처럼 사라지고 산새 소리는 불구의 꿈 언저리 같은 비탈을 굴러 그넷줄 길이만큼 흔들린다. 발밑에 그려지는 사선, 앞으로 뒤로 빈 주머니를 채운 조약돌처럼 간지럽다.

… 2 …

뇌성마비 지숙이가 휠체어에 앉아 노란 색종이로 종이학을 접고 있었다. 수줍은 얼굴 그대로 비틀어 올린 손가락이 사각의 종이 모서리를 향해 능선을 타고 오른다. 조심스럽게 내딛는 걸음이 꼭 그래야만 하는 것처럼 몇 번을 휘청거렸다. 그럴 때마다 협곡이 생겨나고 자욱한 안개가 앞을 가로막는 것은 황홀한 산중의 신비일까. 그것이 내게 줄 크리스마스 선물이라고 날개를 다친 새 한 마리가 그렇게 험한 산속을 날아온 것이다.

… 3 …

위급한 아이를 차에 태우고 병원으로 달릴 때는 누군가를 대신한 죄가 아이들 몸에서 병명처럼 삐져나오는 것 같았다. 낯익은 풍경처럼 앞을 다투어 지나간 것은 지난날 내가 함부로 보낸 시간들이었다. 십 분만 더, 오 분만 더, 아이의 입속에 숨을 불어넣고 삭정이 같은 몸을 문지르며 경적을 울리는 것을 보면 그렇다.

… 4 …

개나리방에는 보모 선생님 없이 열 명의 아이들이 살고 있다. 오늘도 장미방 최 선생님께서 재활원을 떠났다. 민주주의의 복지 제도가 가난한 보육사의 이직률보다 높지 못하여 아직 걷지도 못하는 어린 장애 아이는 또 며칠 동안 절름발이 대근이 혼자서 돌보게 되었다.

… 5 …

펑크 난 휠체어를 몇 개 고친 후 아이들과 공놀이를 했다. 내 스스로 걷지도 못하는 소아마비 어린아이들. 건강한 사람들이 오히려 부끄러운 살빛 진달래처럼 봄을 싣고 놀러 왔다, 이들과 어우러져 뛰노는 웃음이 젖은 땅의 입김을 타고 하늘로 솟아올랐다. 마주 잡은 손에 사랑이 햇살만큼 채워지고, 우리들은 바람보다 더 빠른 동작으로 고기 떼처럼 몰려다녔다. 햇살만큼의 사랑, 어느 누구도 내일을 향해 뛴 것은 아니었으리라. 동그란 공과 휠체어 바퀴처럼 봄 푸른 건반 위에서 경쾌한 리듬의 들꽃이 되었을 뿐, 이제 남겨질 추억도 내일을 위해 기억되지 않으리라. 제 이름자를 모르는 아이들이 더 많았으므로 거칠게 내뿜는 숨소리가 삶의 흔적처럼 번져 나갔다.

… 6 …

그리운 시선이 재활원 앞산과 뒷산을 넘지 못해 마당에다 하얀 눈사람을 만들고 서로 웃음 짓는 아이들의 크리스마스 풍경은 그래도 어린 마음에 닿은 따듯한 겨울 햇살의 숨결처럼 얼마나 고마운 일인가. 정신장애와 고아로 자랐으므로 아이들이 내게 준 크리스마스카드에는 무슨 글자인지(글을 몰랐으므로) 그림인지 도무지 알 수 없는 자기들만의 이야기가 쓰여 있다.

… 7 …

김선중이란 장애 아이가 있었다. 처음 담당 선생님 말씀, 선중이는 태어나 얼마 후 발목과 무릎 쪽에 약간의 마비가 왔는데 이 병은 성장기를 거치면서 하반신에서 상반신으로 마비증세가 점점 더 진행되다가 나중에는 온몸이 마비되어 죽음에 이르는 무서운 병이라고 했다. 결국 선중이는 스무 살이 넘으면서 쓰러졌고, 몇 번을 더 쓰러지고 몹시 아파하다가 죽었다. 이전에 이 병에 걸린 태익이와 보익이란 형제도 스무 살이 넘으면서 병이 악화되어 죽었다. 태익이와 보익이와 선중이는 모두 착한 아이들이었고, 책 읽기와 음악 듣기를 좋아했다. 그리고 이들은 누구에게나 항상 분명하고 소중한 것만을 주었다. 그것은 이들만이 줄 수 있는 가식 없는 삶과 생명의 가치일 것이다. 천국에서 영원히 행복하리라 믿는다.

깊고 어두운 밤

깊고 어두운 밤
운석처럼 떨어진 한 줄기 빛을 보았을 뿐
나는 내 죽음을 이렇게 맞이한다
죽음의 분노 내 목숨을 가져가거라
도저히 견딜 수 없었기에 떠도는 영혼으로 살리라
산바람 파도치는 언덕에 새처럼
저 산 너머 보이지 않는 나라로 마음이 솟구치면
나는 그곳에 지친 내 영혼의 날개를 접고
반드시 진실과 꾸밈없는 생명으로
신비로운 성령으로 나를 다시 낳으리라

부활 30×42㎝

새로운 황홀

마음은
아무것도 들리지 않는
조용한 나라에
문을 열자

바람 소리
물소리
깨끗하지만, 이제 소리 없는 세상에서 쉬려 함은
마냥 갈 수가 없기 때문이 아니라
지친 두 다리가
아니 갈 곳에 디디려

희미한
새벽
안개 속에서
밝아 오는 세상을 믿으며 배운
아픔과 분노
돌아서서 견딘 눈물

깨진 꿈처럼
조각난 삶과
미움과

시기와
눈물이
이제
먼지처럼 흩어지리라

떨어진
내 젊은 날의
꽃은
조용히
요단강의 푸른 물결을 건너
하나님의 뜻을 헤아리며
다른 세상
다른 모양으로 뜨는
해를 품고

찢겨진
심장은
꽃의 향기보다 더 짙은 예수의 성혈로
놀란 나비처럼 날 것이다

가시관을 쓰신 예수님 16×62cm

• •

생각의 조각들은 어쩌면
자기에게 주어진 삶의 시간보다
더 깊고 더 멀리 있는 그 어떤 의미와 가치를 바라보기 위해서
마치 고뇌하는 물질처럼 달련되고 연마되어
어떤 분야에선 생활의 신념으로 또 어떤 분야에서는
예술적 작품으로 나타나는 것은 아닌가 싶습니다.

어떤 분들은 그림이나 음악 등으로
또 예수님 같은 분은 말씀과 행동으로
영원한 가치의 것들을 이야기합니다.

신앙과 일상생활의 모든 것들이 별개일 수 없다는 저의 견해는
예수님의 산상수훈과 같은 글을 읽고 느 낄 수 있었던
천국과 구원은 그렇게 멀리 있는 것이 아님과 동시에
또 영원히 지속되어야 할 가치의
위대한 작품은 아닌가 하는 생각을 갖습니다.

〈가시관을 쓰신 예수님〉과 〈부활〉의 작품은
성경을 통해 제 생각의 한계를 뛰어 넘어
더 깊고 더 멀리 있는 곳까지 더듬어 불멸의 세계까지 도달한
한 진리의 존재를 감지 할 수 있었던 감동의 표현이거나
그 가르침을 소홀히 여기고 싶지 않은
하나의 다짐 같은 것이기도 합니다.

컵

식탁 위에 한 개의 컵이 놓인다
외롭기도 하겠지만, 불안한 것일 수도
그래서 다른 한 개의 컵이 그 옆에 또 놓인다
다정하기도 하겠지만, 고마운 것일 수도
작은 컵 하나에는
표현이나 쓰임이 제한적이기 때문에
각각 서로 다르게 만들어진 컵들이
식탁 위에서 조화를 이룬다면
어울리기도 하겠지만, 정말
행복한 것일 수도

그림 뒤에 벽이 허-한 것은

그림 뒤에 벽이 허-한 것은
하나의 작품을 벽에 걸기 위해
그림 밖으로
사라진
그림 속에는 남지 못한 색들의 고귀한 여흔이
비할 바 없이 아름다웠던 색들의 장대한 희생이
아주 오래전부터 그 벽에 서려 있기 때문이다
그림을 장식한 액자는
화려하게
자꾸만 그림 밖의 세상을 차단시키지만
그림 뒤에 벽이 허-한 것은
너 하나만큼은 꽃처럼 피어나라고
그림이 될 수 없었던 그림들이
품에 못을 박고
넓은 가슴을 내주었기 때문이다

• •

하얀 백토 위에 머문 생각들은
여러 가지 색감으로 흘리거나 떨어뜨리는 기법으로
무엇을 나타내려고 합니다.
이런 기법으로 자연스럽게 얻어지는 표현들은
결국 내 속에 내재된 감성에만 의존하여 이루어지는데,
그것이 일종의 디자인이 되고
도공의 이야기가 되었으면 좋겠습니다.

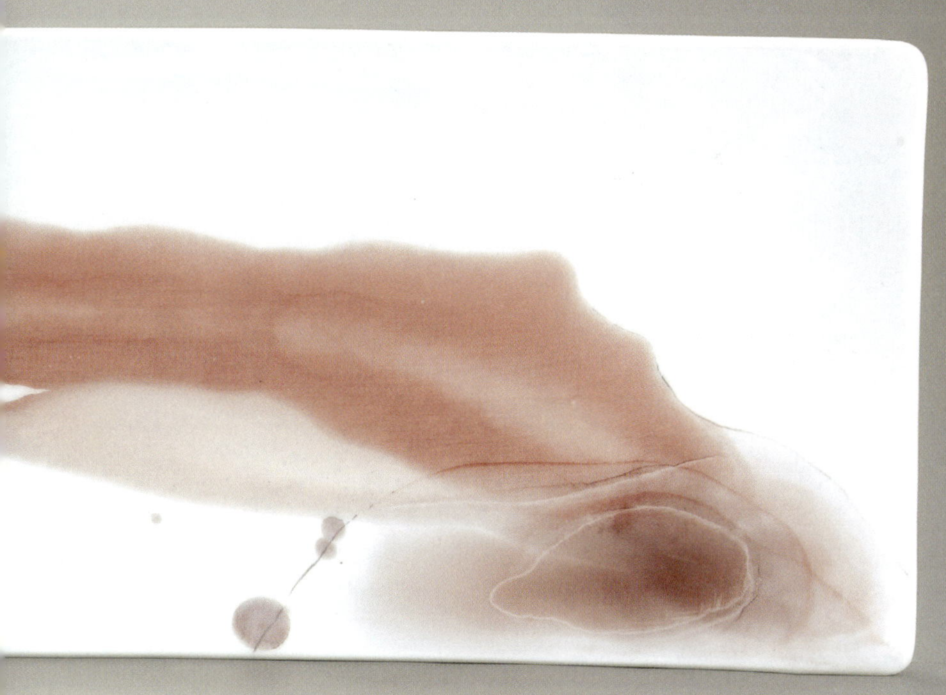

긴 접시-봄 54×18×4cm

다기

뚜껑이 있는 그릇 20×9, 23×11cm

… 도공이야기의 그릇들 …